ग़ज़ल-संग्रह

डॉ. फूलकली 'पूनम'

दिल पे एहसास को रोज़ लिखते रहे,
वर्क़ वो कुछ नहीं डायरी माँग लो।
वक़्त बीते पलों की इबारत लिखे,
जिनमें बसते हो 'पूनम' सदी माँग लो।

दम निकल जाये बिन आपके,
याद इतना नहीं आइये।
तेरे कदमों में हो चाँदनी,
रात 'पूनम' की ले जाइये।

ग़ज़ल-संग्रह

डॉ. फूलकली 'पूनम'

अंजुमन प्रकाशन

अंजुमन प्रकाशन
942, मुट्ठीगंज, प्रयागराज-3 उत्तर प्रदेश, भारत
www.anjumanpublication.com
contact@anjumanpublication.com

प्रथम संस्करण अंजुमन प्रकाशन द्वारा 2022 में प्रकाशित

आवरण व टाइप सेटिंग : अंजुमन प्रकाशन

ISBN : 978-81-953045-4-7

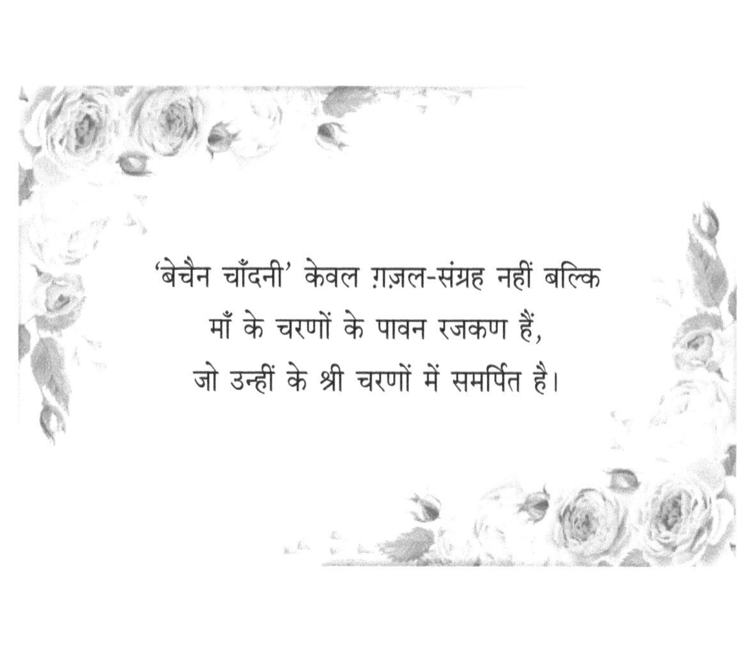

'बेचैन चाँदनी' केवल ग़ज़ल-संग्रह नहीं बल्कि
माँ के चरणों के पावन रजकण हैं,
जो उन्हीं के श्री चरणों में समर्पित है।

1. सुब्ह होते ही आँखों के सामने माँ का आना और नज़र में भर जाना; उनके रूप में साक्षात् वाग्देवी के द्वारा आशीर्वाद मिलना और वही परिवर्तित होकर अल्फ़ाज़ में ढलना... तुझे आभार क्या कहूँ माँ; तू ही मैं हूँ, तेरे क़दमों पे जहां वार दूँ; ये तो कुछ भी नहीं, वो ख़ुदा वार दूँ... सब तेरा तुझे ही अर्पित माँ।

2. आदरणीय सुप्रसिद्ध कवि श्री संजीव सरगम जी को नेह नमन करती हूँ कि वे दूर रहकर भी काव्य सृजन हेतु हमारा हौसला-अफ़ज़ाई करते रहते हैं।

वो फ़सीलें बनीं आईना,
उससे जब चाँदनी मिल गई।
मेरे महबूब लग जा गले,
अब शब-ए-वस्ल भी मिल गई।

परिचय	: डॉ0 फूलकली 'पूनम'
नाम	: डॉ0 फूलकली गुप्ता 'पूनम'
पिता का नाम	: स्व0 राम पदारथ गुप्ता
माता का नाम	: श्रीमती धनपती गुप्ता
जन्म-स्थान	: ग्राम-रामापुर दिखौरा, जिला-सुलतानपुर उ0प्र0,
सम्पर्क	: व्हाइट हाउस, अन्तू रोड, अमेठी, जनपद-अमेठी (उ.प्र.)
मोबाइल नं0	: 9807836516
Email	: phoolkaligupta123@gmail.com
शिक्षा	: स्नातकोत्तर 1-संस्कृत, 2-म0इतिहास, 3-हिन्दी, बी0एड0, पीएच0डी0 (संस्कृत), सीनियर डिप्लोमा (हारमोनियम) प्रयाग संगीत समिति, इलाहाबाद, पत्रकारिता एवं जनसंचार में स्नातकोत्तर डिप्लोमा
सम्प्रति	: प्रधानाचार्या राजकीय बालिका इण्टर कॉलेज अमेठी, उ.प्र. जिला गाइड कमिश्नर, अमेठी

साहित्यिक एवं सांस्कृतिक सेवाएँ :

- ग़ज़ल-संग्रह प्रकाशित
  1. बोलती रोशनाई, 2. आईने में चाँद, 3. पता ज़िंदगी का
  4. रेत का समन्दर, 5. बेख़बर वक़्त
- 31वीं अखिल भारतीय नाट्योत्सव इलाहाबाद 'हम भारत की बेटी हैं' में प्रशंस्य अभिनय।
- बैडटच (Bad Touch) टेली फिल्म में प्रमुखतम सकारात्मक किरदार (अभिनेत्री) के रूप में सशक्त अभिनय।
- पटेलसेवा संस्थान द्वारा 'लौह पुरुष सरदार पटेल।'
- स्मृति सम्मान-2017, 'साहित्य रत्न सम्मान-2017।'
- अनेक अन्तर्राष्ट्रीय एवं राष्ट्रीय सेमिनारों में प्रतिभाग एवं प्रस्तुतीकरण।
- प्रादेशिक एवं राष्ट्रीय तथा अन्तर्राष्ट्रीय समाचार पत्रों और पत्रिकाओं में मुक्तक, गीत, ग़ज़लों का अनवरत प्रकाशन।
- 'आगमन' षष्ठ स्थापना दिवस समारोह 8 सितम्बर-2018।
- 'भाव कलश' रचनाकार सम्मान।
- अन्तर्राष्ट्रीय महिला दिवस-2019 The Fantastic Females (season-02)।
- तेजस्विनी एवार्ड-प्रसिद्ध संस्था आगमन द्वारा चतुर्थ वार्षिक समारोह एवं लोकार्पण काव्यकुम्भ अधूरा मुक्तक में सम्मानित।
- शैक्षणिक, सामाजिक एवं साहित्यिक गतिविधियों में महत्त्वपूर्ण योगदान देने के कारण अनेक सम्मान प्राप्त।

एक क़तरा मुहब्बत दिया आपने।
तिश्नगी को भी प्यासा किया आपने।

है तरसना ही तक़दीर 'पूनम' मिरी,
रेत के ख़्वाब हमको दिया आपने।

कुछ लफ़्ज़ मेरे

हेलो, मैं ग़ज़ल बोल रही हूँ, आप कौन?

अरे मैं जो भी हूँ पर आपको नहीं जानती, राँग नंबर।

अरे नहीं नहीं... रुको तो सही! मैं तुम्हारे अन्दर से ही बोल रही हूँ, हमसे इतनी बेरुख़ी क्यों? मैं तो तुम्हारी रूह हूँ मेरे बिना तुम ज़िंदा नहीं रह सकती हो। जब तक मैं हूँ तब तक तुम्हारी हस्ती है। क़यामत के बाद भी मैं रहूँगी और तुम भी रहोगी, मौत तुम्हें मार नहीं पायेगी। तुझमें मैं हूँ मुझमें तू है और तुम कह रही हो कि मुझसे अंजान हो। मैं तुम्हारी कस्तूरी हूँ कहाँ खोज रही हो सहरा और समन्दर, ख़ुशी और ग़म, ख़ूबसूरत और बदसूरत, दोस्त-दुश्मन, वफ़ा और ज़फ़ा, दूरियाँ नजदीकियाँ, हँसी और अश्क, रोशनी तीरगी, सफ़र और मंज़िल, राज़-राज़दां, इल्म-इल्मदां, अपने-पराये, मुहब्बत और नफ़रत, नाम-गुमनाम, नेकी और बदी, बोलती रोशनाई, आईने में चाँद, पता ज़िन्दगी का, रेत का समन्दर, बेचैन चाँदनी, बेख़बर वक़्त और बहुत कुछ मुझमें ही शामिल है। मैं बर्फ़ हूँ पिघलती जा रही हूँ। नदी और समन्दर भरते जा रहे हैं तुम कोई भी नाम दे दो, जो भी नाम दोगी वह वक़्त के वर्क़ पर लिखा जा रहा है कोई मिटा नहीं सकेगा, पूरी कायनात ख़त्म हो जायेगी पर मैं नहीं। क़यामत की कहानी मैं ही लिखूँगी। कुदरत ने लेखा-जोखा रखने की जिम्मेदारी मुझे ही सौंपी है, मैं ही लिखती हूँ, मैं ही कहती हूँ, मैं ही सुनती हूँ। तुम फिर आओगी तो तुम्हें मैं ही मिलूँगी, अपने रूप में, तुम्हारे रूप में, सबके रूप में। मैं सिर्फ़ ग़ज़ल हूँ कहो, गाओ, गुनगुनाओ। मैं इधर हूँ, उधर कहाँ देख रही हो, खिडकियाँ और दरवाज़े खोलो।

ओह गज़ल तुम! अरे तुम तो हमारी हो सिर्फ़ हमारी। मैं तुम्हारी हूँ ख़ुद में समा लो मुझे। आज कहीं घुमाने ले चलो वादियों में चाँद, तारों पे। कहकशाँ से मुलाकात करा दो फिर समन्दर किनारे और इश्क़ की उन बदनाम और गुमनाम गलियों में जहाँ कोई आता-जाता नहीं है। मेरा हाथ थामो और कभी नहीं छोड़ना, आज ये वादा करो दुनिया तो वादा-शिकन है और तुम तो वादापरस्त हो। मैं तुम्हारे लिए कुछ भी कर सकती हूँ और कुछ भी सह सकती हूँ बस अब मेरी ही रहना। चलो आसमां तक चलते हैं। उस आसमान के आगे और भी आसमान हैं

क्या? चलो वहाँ भी घुमा दो। अरे मैं उड़ी जा रही पंख बिना परवाज़ मिली, ओह मेरी जान-ए-ग़ज़ल तेरे सदके।

दोस्तों,

मेरे समस्त ग़ज़ल संग्रह 'बोलती रोशनाई', 'आईने में चाँद', 'पता ज़िंदगी का', 'रेत का समन्दर' और 'बेख़बर वक़्त' की ही तरह इस ग़ज़ल संग्रह 'बेचैन चाँदनी' को भी अपनी मुहब्बत से सराबोर करके अपनी पलकों का स्पर्श दीजिए, मैं विनयावनत रहूँगी।

ज़ुल्फ़ उड़ने लगी है मिरी,
साज़ पे गीत वो गा गया।
देख 'पूनम' निखरने लगी,
चाँदनी कौन छितरा गया।

(डॉ. फूलकली पूनम)

अनुक्रम

1

मिरा हौसला कोई तोड़ेगा कैसे।
समन्दर का रुख़ कोई मोड़ेगा कैसे।

नहीं इतनी ताक़त मिली आदमी को,
ज़मीं पे फ़लक लाके जोड़ेगा कैसे।

नहीं बस चले मन पे देखो किसी का,
वो लालच का दामन भी छोड़ेगा कैसे।

ख़ुदा क्यूँ बनाकर मिटाता है ख़ुद ही,
घरौंदे बना कोई तोड़ेगा कैसे।

है शीशे के जैसा तिरा दिल ये 'पूनम',
तू दिल पत्थरों से ही जोड़ेगा कैसे।

2

कभी दर्द में मुस्कुराना पड़ेगा।
ज़हर को दवा ही बताना पड़ेगा।

अगर अश्क आँखों से गिरने लगे तो,
ख़ुशी का मुखौटा लगाना पड़ेगा।

दिये ज़ख़्म जिसने अगर मिल गये वो,
तो लफ़्ज़ों में उसको छुपाना पड़ेगा।

के महफ़िल का दस्तूर होता यही है,
गले बेवफ़ा को लगाना पड़ेगा।

चली ज़िंदगी मौत का हाथ थामे,
तुम्हें नींद में सो ही जाना पड़ेगा।

सजा करके ग़म को रखे आज 'पूनम',
हुनर हर घड़ी आज़माना पड़ेगा।

3

चराग़ों की लौ को लुटाते चलो तुम।
मुहब्बत की दरिया बहाते चलो तुम।

लगा लो गले जो तड़पते अकेले,
उन्हें कारवां में मिलाते चलो तुम।

जिओ सारे लमहों को ज़िंदा दिली से,
पलों में सदी इक समाते चलो तुम।

बड़ी बेवफ़ा ज़िंदगानी की राहें,
वफ़ा के निशां ही बनाते चलो तुम।

ख़ुशी बाँटकर तुम भी ख़ुश होना सीखो,
यही दास्तां अब सुनाते चलो तुम।

सभी फ़िक्र 'पूनम' हवा में उड़ा दो,
हो अनमोल अब मुस्कुराते चलो तुम।

4

रहूँगी न मैं चाँद फिर भी रहेगा।
मिरा रूप उसमें मिला ही रहेगा।

चमकता रहेगा हमारी चमक से,
मिरा नाम लेकर खिला ही रहेगा।

गुलों की ये शोख़ी हमारे ही दम से,
करम उसपे मेरा झुका ही रहेगा।

हवाओं को संगीत हमने दिया है,
जरा इश्क़ इनमें मिला ही रहेगा।

मिरे इश्क़ से ही समन्दर बना है,
मिरी राह वो देखता ही रहेगा।

है क़दमों में सिमटी ख़ुदाई ये 'पूनम',
न तुमसे अलग वो ख़ुदा ही रहेगा।

5

सुबह रात से रोज़ मिलना ही चाहे।
किरन देखकर रात छुपना ही चाहे।

रहे मुंतज़िर सुब्ह हर रोज़ आती,
मगर शाम उसको तो ढँकना ही चाहे।

उजाला लुटाकर लुभाता है सूरज,
समेटे किरन को वो चलना ही चाहे।

मिले चाँद सूरज मगर दूर से ही,
इशारों से कुछ चाँद कहना ही चाहे।

यही फलसफ़ा है ख़ुदा ने बनाया,
के हर कोई 'पूनम' सा दिखना ही चाहे।

6

मिरी ज़ुल्फ़ की छाँव में रात होती।
कभी एक शब गर मुलाक़ात होती।

बसा लेती तुमको जवां धड़कनों में,
मुहब्बत की बिखरी वो सौग़ात होती।

सितारे फ़लक से ज़मीं पे उतरते,
सजी कहकशां की भी बारात होती।

फ़िज़ायें महकतीं मिरी साँस लेके,
फ़लक से गुलों की ही बरसात होती।

लुटा देते जां इश्क़ की राह पे हम,
चमन में मिरे इश्क़ की बात होती।

7

कहाँ नाम किसका हमेशा रहा है।
समय का वो पहिया तो चलता रहा है।

कई रंग मिटते भी देखे जहां में,
नये रंग भी कोई भरता रहा है।

कलाकर है कौन देखा न हमने,
जो तस्वीर में ख़ुद ही बनता रहा है।

अगर देखना चाहो नज़रों से उसको,
निगाहों के अन्दर ही छुपता रहा है।

कहा मौत ने ज़िंदगी में बसा वो,
मगर ज़िंदगी पे ही मरता रहा है।

अगर छूना चाहें तो छू भी न पायें,
हवाओं में मिल रोज़ चलता रहा है।

पहेली ग़ज़ब इसका हल है न 'पूनम',
सवालों में हल देखो बसता रहा है।

8

विचारों का फैलाव है आसमां सा।
मगर इसको घेरे है आकर धुआं सा।

चढ़ाता गिराता मगर इसको कोई,
छुपा कौन बैठा लगे है गुमां सा।

अकेला है वो ये ही कहते सभी हैं,
कभी ग़ौर से देखो दिखता जहां सा।

ख़िज़ां और बहारें रहें उसके दम से,
बदल लेता सूरत लगे है समां सा।

धुयें की लकीरों सा गुम होता पल में,
नज़र बन्द की तो दिखे है निशां सा।

यही सोचकर सोचती रह गई हूँ,
मिरा दिल ये 'पूनम' बना राज़दां सा।

9

नहीं कुछ भी है हाथ में आदमी के।
लकीरों के सब खेल हैं ज़िंदगी के।

सुकूं छीन लेने को मन को बनाया,
समन्दर से गहरे वो घर तिश्नगी के।

ख़ुदा इश्क़ का रूप रख के है आया,
सभी सजदा करते हैं दर आशिक़ी के।

मुहब्बत अँधेरों से करना पड़ेगा,
अगर पाना चाहो शहर रोशनी के।

ग़मों को गले से लगा करके रक्खो,
मिलें तब ही 'पूनम' ख़ज़ाने ख़ुशी के।

10

अगर वक़्त की मेहरबानी न होती।
तो दरिया में इतनी रवानी न होती।

जहां में ये मेले सजाये न होते,
नज़र भी किसी की दीवानी न होती।

अगर चाँद खिलता नहीं आसमां में,
तो फिर चाँदनी भी सुहानी न होती।

ये साँसों का घटना नहीं होता गर तो,
ये दुनिया सदा आनी जानी न होती।

वतन की मुहब्बत में मरते न गर वो,
अमर उनकी अब तक कहानी न होती।

अगर रस्मे उल्फ़त निभाती न 'पूनम',
वफ़ाओं की बाक़ी निशानी न होती।

11

ये इक रोज़ ख़ामोश तारों से पूछा।
तुम्हें इश्क़ किससे इशारों से पूछा।

समन्दर को बाँहों में थामें ही रहते,
नशा कितना तुमको किनारों से पूछा।

जलाकर बदन राख होते हो क्यूँ तुम,
धुआं छोड़ जाते शरारों से पूछा।

निगेहबान रहती हो मेरी हमेशा,
कभी क्यूँ न सोती दीवारों से पूछा।

ज़ुरूरत नहीं है तुम्हें बाजुओं की,
हो क़ुर्बान सबपे सहारों से पूछा।

सभी एक स्वर में ही इक बात बोले,
हुनर हमने 'पूनम' के मारों से पूछा।

12

मुहब्बत है इक आग जलना ही होगा।
मिले ज़ख़्म चुपचाप सहना ही होगा।

बड़ी लम्बी होतीं जुदाई की रातें,
तड़पकर तुम्हें आह भरना ही होगा।

क़दम रुक न पाये, हैं सहरा की राहें,
तुम्हें प्यास ले करके चलना ही होगा।

वो दिलदार होता ख़ुदा से भी बढ़कर,
लबों को तुम्हें अपने सिलना ही होगा।

कहा मानती हैं नहीं ये निगाहें,
हो मजबूर उनसे तो मिलना ही होगा।

13

हवा लड़खड़ाई उन्हें चूम करके।
ग़ुलामी करे ये फ़िज़ा उनसे मिलके।

उठीं जो निगाहें चमकता है सूरज,
बुला लेंगी शब को वो नज़रें भी झुकके।

क़दम चूम लेता है दरिया का पानी,
फ़रिश्ते हैं छूते हथेली में भरके।

मिरे हमनशीं में नशा ही नशा है,
करे चाँद सजदा ज़मीं पे उतरके।

ख़ुदा मेरे महबूब पे जां लुटाता,
निहारा करे हर घड़ी सज सँवर के।

मिरे यार का कुछ करम है ज़ियादा,
जो 'पूनम' है आया ज़मीं पे उतरके।

14

यही आरज़ू है मुहब्बत करूँ मैं।
ज़मीं पे भी रहकर हवा में चलूँ मैं।

तिरा नाम लेके मिरी साँस गाये,
है हसरत यही यार तुमपे मरूँ मैं।

बिना दर्द-ए-दिल क्या मज़ा ज़िंदगी में,
लिये तेरी तस्वीर सजदा करूँ मैं।

कभी इश्क़ में इस तरह का हो आलम,
निगाहों से ख़ामोश बातें करूँ मैं।

तुम्हारे सिवा कुछ न देखे ये 'पूनम',
ज़माने के हर ग़म ख़ुशी से सहूँ मैं।

15

नज़र कब किसी का कहा मानती है।
दुआ उनसे मिलने की ही माँगती है।

जुदा उनसे इक पल ये होना न चाहे,
नज़र बन नज़र में बसा चाहती है।

पता के बिना ही उन्हें ढूँढ़ लाती,
वही रूप जन्मों से पहचानती है।

ज़माने ने गर प्यार छीना जो इनका,
क़यामत भी लाने को ये ठानती है।

निगाहों के दम से बना है तू 'पूनम',
कहाँ चाँदनी तुमको ही जानती है।

16

तिरी बात सुनकर चमन में गये थे।
गुलों के लबों पे फ़साने तिरे थे।

कोई कह रहा था तू फूलों से नाज़ुक,
सितारे तुझे चाँद ही कह रहे थे।

थी कलियों की हसरत तुझे देखने की,
इसी आस में उनके घूँघट खुले थे।

तभी आसमां से वो झुक चाँद बोला,
वो आशिक़ मिरे उनके दर पे खड़े थे।

कई रोज़ मैं उनकी गलियों में घूमा,
मगर इक झलक पाके बेख़ुद हुये थे।

मुझे प्यार से ज़्यादा प्यारे हो 'पूनम',
निगाहें मिली हम तिरे हो गये थे।

17

मुक़म्मल कहाँ ख़्वाब सबके हैं होते।
जुदाई में सावन बिलखकर ये रोते।

जिन्हें हर जनम रूह पाना ही चाहे,
उन्हीं को हमेशा-हमेशा ही खोते।

है पहचान जिनसे ही सदियों पुरानी,
वही अजनबी बन घरों में हैं सोते।

नहीं उग सकेंगे ये मालूम मुझको,
परायी ज़मीं पे वही बीज बोते।

अगर ख़्वाहिशें पूरी हो जातीं 'पूनम',
सभी अश्क से क्यूँ ये दामन भिगोते।

18

जुदाई वफ़ाओं की फ़ितरत न होती।
तो इक बेवफ़ा से मुहब्बत न होती।

अगर जानते इश्क़ करने से पहले,
तो शोलों में जलने की हसरत न होती।

समझते रहे तुमको जान-ए-वफ़ा हम,
फ़सानों की इतनी भी शोहरत न होती।

मिरा ज़ख़्म मरहम बना ख़ुद ही अपना,
तो ज़ख़्मों की हासिल ये दौलत न होती।

जलाता नहीं चाँद गर मुझको 'पूनम',
कभी चाँदनी से यूँ नफ़रत न होती।

19

तिरी बाजुओं में मुझे चैन आये।
वो मख़मल सा अहसास मन को सुहाये।

मुहब्बत भरे पल ख़ुदा की इनायत,
निगाहों के रस्ते वो दिल में समाये।

रहे साथ उनका तो सहरा चमन हो,
तपिश रोक लेते हैं पलकों के साये।

कभी एक पल को वो ओझल हुये तो,
गुज़ारिश समां से उन्हें ढूँढ़ लाये।

जलाये बदन को बरसता वो सावन,
घटायें जो छाईं बहुत याद आये।

लगा नेमतें मिल गईं मुझको सारी,
बड़ी ख़ुशनसीबी जो तुम पास आये।

मिरे हमनशीं मुझमें 'पूनम' बसे हो,
नशा बनके तुम धड़कनों में समाये।

20

सभी लोग मतलब से रिश्ता बनायें।
अगर बन गया काम क़िस्सा बनायें।

कहाँ कौन किससे मुहब्बत करे है,
वो जज़्बात को बाँट हिस्सा बनायें।

बुलंदी की चाहत में जो लोग रहते,
तुम्हें लाँघ करके ही रस्ता बनायें।

रहे पोंछते अश्क हाथों से जिनके,
तुम्हारी ख़ुशी को ही गमसा बनायें।

जिन्हें ज़ुल्म सहने की आदत पड़ी हो,
पहाड़ों को भी अपने जैसा बनायें।

वो अहसान जो जान देकर चुकाते,
चलो आज 'पूनम' को उनसा बनायें।

21

हैं कुछ लोग मन को जो भाते नहीं हैं।
कई रूप दिल को सुहाते नहीं हैं।

खिला हो चमन घूमती हों बहारें,
क़दम उस गली में भी जाते नहीं हैं।

बनाया है घर एक यादों का मैंने,
मगर याद आलम, वो आते नहीं हैं।

रहे चैन खोया न जाने वहाँ क्यूँ,
सुकूं उन दरों पे भी पाते नहीं हैं।

तराने कई ऐसे भायें न मुझको,
कभी गीत 'पूनम' वो गाते नहीं हैं।

22

न जाने जहां को बनाया है किसने।
निगाहों से सब कुछ दिखाया है किसने।

जो माटी के पुतलों को चलना सिखाता,
तो शीशे से दिल को बनाया है किसने।

वो अहसास दिल का जो गुमनाम रहता,
बसी एक धड़कन छुपाया है किसने।

छलकते रहे अश्क आँखों से हरदम,
मगर आँसुओं सँग हँसाया है किसने।

ज़माने के रिश्ते हैं झूठे सभी ही,
मगर उनके ख़ातिर रुलाया है किसने।

ऐ दुनिया के मालिक कहाँ जा छुपे हो,
ये किरदार 'पूनम' निभाया है किसने।

23

उधारी की साँसों पे दुनिया का मेला।
यहाँ आके सबने मुसीबत ही झेला।

बना कारवां रौब सबको दिखाते,
के आये अकेले हो जाना अकेला।

जिसे मानकर सच, गुमां ख़ुद पे करते,
हक़ीक़त नहीं सिर्फ़ है एक खेला।

बनाये हो तुम सोने चाँदी के घर भी,
मगर साथ जाये नहीं एक धेला।

मिला जिस्म 'पूनम' किराये का घर है,
मगर आदमी पाल रक्खा झमेला।

24

मुहब्बत करे जिस्म से जान जितना।
हमें इश्क़ उतना ही उनसे है करना।

न जीना गवारा बिछड़ एक पल भी,
बसें उनकी साँसों में हो घर वो अपना।

अकेले सफ़र में नहीं जा सकेंगे,
क़यामत तलक संग उनके है चलना।

तिरा अश्क मोती बना लूँगी मैं ख़ुद,
भले आँख नम हो मगर ग़म न करना।

पनाहों में तेरी है ख़ुशबू रुहानी,
मिली दिल को राहत वहीं मुझको रहना।

हँसोगे अगर फूल झड़ने लगेंगे,
कभी एक पल संग 'पूनम' के हँसना।

25

दिन का अहसास जाने कहाँ खो गया।
मेरा बेचैन दिल रात का हो गया।

मैं शब-ए-ग़म में तन्हा तड़पती रही,
चाँद भी बादलों में थका सो गया।

लौटकर आसमां पे दिखा ही नहीं,
टूटकर वो सितारा अभी जो गया।

मुंतज़िर साँस थी अब उखड़ने लगी,
सब्र साँसों का अब देख लो खो गया।

शौक़ बोने का उसको बहुत था मगर,
पत्थरों पे वो नादान क्या बो गया।

एक काग़ज़ का अरमान 'पूनम' तिरा,
उड़ हवाओं के सँग लो पकड़ लो गया।

26

आपको देखकर होश यूँ खो गया।
इश्क़ पहली नज़र में मुझे हो गया।

इन निगाहों ने जनमों के वादे किये,
थामकर कौन दिल को चला वो गया।

जो नशा बनके साँसों में बस ही गये,
मेरी हस्ती मिटाकर कहाँ खो गया।

राह उल्फ़त की मालूम मुझको नहीं,
कोई वापस न आया वहाँ जो गया।

आग का इक समन्दर कहें इश्क़ को,
पार 'पूनम' हुआ डूबता जो गया।

27

मेरे महबूब जैसा सनम ही नहीं।
दिलकशी भी नज़ारों में ऐसी नहीं।

मय नशीली हुई इक नज़र डाले जो,
मयकशी इस तरह की भी देखी नहीं।

पाँव रक्खे जमीं पे चमन जाते खिल,
आशिक़ी मैंने देखी गुलों सी नहीं।

उसके साँसों को छू के हवायें चलें,
ख़ुशबुएँ इस तरह हैं कहीं भी नहीं।

है कशिश रुख़ पे वो दिल दीवाने हुये,
देखा 'पूनम' के जैसी दीवानी नहीं।

28

सुरमई शाम में रूप तेरा दिखा।
उन बहारों का फिर आज डेरा दिखा।

खुल गयीं याद की वो किताबें सभी,
वर्क़ खुल सा गया आज मेरा दिखा।

शाम के उस दुपट्टे में जो क़ैद थे,
बीते लमहों का फिर आज फेरा दिखा।

जिसके आग़ोश में मन तड़पने लगे,
आज तन्हाइयों का वो घेरा दिखा।

नाम 'पूनम' ने दिन रात तेरे किये,
इश्क़ में डूबता वो सबेरा दिखा।

29

दीप यादों के उनके जलाती रही।
बेवफ़ा से मुहब्बत निभाती रही।

ज़ख़्म देता रहा हर घड़ी बेख़बर,
ज़ुल्म सहकर सदा मुस्कुराती रही।

पाँव से वो मिरा दिल कुचलता रहा,
सब्र को मैं सदा आज़माती रही।

सामने वो रहा पीछे दुश्मन मिरे,
मैं गले से लगाकर बचाती रही।

बात होने लगी है ज़माने में अब,
रुख़ को चिल्मन में 'पूनम' छुपाती रही।

30

बज़्म से तेरी अब हम चले जा रहे।
ये नज़ारे मुझे अब नहीं भा रहे।

तुमने मुड़ करके भी मुझको देखा नहीं,
ये सितारे भी थक करके सो जा रहे।

अजनबी बन मिलेंगे मिले आप जो,
रेत पे नाम लिखकर उड़ा जा रहे।

आपसे कोई पूछे मिरा हाल जो,
मैं हूँ आवारा ख़ुद ही बता जा रहे।

कोई जाता दिखे क़ब्र पे गर मिरी,
तुम इशारे से कहना कहाँ जा रहे।

याद मेरी सताये जो 'पूनम' तुम्हें,
अश्क को रोक लेना अगर आ रहे।

31

एक क़तरा मुहब्बत दिया आपने।
तिश्नगी को भी प्यासा किया आपने।

शबनमी रात बूँदों से रोती रही,
अश्क शब का कहो पी लिया आपने।

मैं तड़पती रही आप बोले नहीं,
होंठ किस बात पर है सिया आपने।

इश्क़ ऐसा नशा जो उतरता नहीं,
अब तलक ऐसी मय क्या पिया आपने।

है तरसना ही तक़दीर 'पूनम' मिरी,
रेत के ख़्वाब हमको दिया आपने।

32

राह थकती नहीं सच है सदियों तलक।
आह पहुँची नहीं उनकी गलियों तलक।

उनके गुलशन में आने की आहट हुई,
किसने दे दी ख़बर आज कलियों तलक।

अब हैं चर्चे वफ़ाओं के मेरे यहाँ,
बात होने लगी मेरी छलियों तलक।

बेवफ़ा क़द्र उल्फ़त की करता नहीं,
वो शब-ए-वस्ल में रंगरलियों तलक।

नूर 'पूनम' का बिखरा फ़िज़ा कह रही,
गुल की शोख़ी से होके तितलियों तलक।

33

दिल तड़पता रहा शाम ढलती रही।
ज़ुल्फ़ को खोलकर रात हँसती रही।

अब डराने लगीं मुझको तन्हाइयाँ,
बेतहाशा सिमट के मैं डरती रही।

वो हवायें भी ख़ंजर चलाने लगीं,
अपने साये को चुपचाप सुनती रही।

उन दरख़्तों को मैंने लगाया गले,
कौन ये आ गया किससे मिलती रही।

चाँद बरसा रहा मुझपे चिन्गारियाँ,
आज तिल-तिल के 'पूनम' ये जलती रही।

34

गेसुओं तुम न बिखरो कहा मान लो।
बादलों की भी सुन लो कहा मान लो।

राह सावन है भूला न पहुँचा वो घर,
उससे जाकर के मिल लो कहा मान लो।

उनका रुख़ देखकर चाँदनी खो गई,
यूँ न चिल्मन से निकलो कहा मान लो।

चाँद बेहोश है इक झलक उनकी पा,
उस गली से न गुज़रो कहा मान लो।

रोज़ इतरा के तुम राह चलना नहीं,
तुम ज़रा देर सँभलो कहा मान लो।

कुछ तसल्ली मिले दर्द बाँटोगे गर,
राज़ कुछ मुझसे कह दो कहा मान लो।

35

मेरे दिल में ठिकाना बना लीजिए।
बस निगाहों में मुझको बसा लीजिए।

ज़ख़्म सहने को मैं अब तो तैयार हूँ,
इस नज़र का निशाना बना लीजिए।

फूल बन करके ख़ुशबू लुटाता रहूँ,
गेसुओं में मुझे अब सजा लीजिए।

उम्रभर का सुकूं मुझको मिल जायेगा,
अपनी ज़ुल्फ़ों तले बस सुला लीजिए।

जिस्म अपना ख़ुशी से तुझे सौंप दूँ,
धड़कनों में मुझे बस मिला लीजिए।

तेरे ख़ातिर ज़माने को मैं छोड़ दूँ,
पास 'पूनम' जो अपने बुला लीजिए।

36

तुमको दे दूँगी मैं ज़िंदगी माँग लो।
वार दूँगी सनम हर ख़ुशी माँग लो।

नाम पे तेरे साँसें भी चलती रहें,
धड़कनें लूँ बना आशिक़ी माँग लो।

इन निगाहों में मैं बन्द कर लूँ तुझे,
मेरे चेहरे की तुम दिलकशी माँग लो।

दीप आँखों के हैं बस तुम्हारे लिये,
तीरगी सौंप दो रोशनी माँग लो।

मेरे अशआर में आप शामिल रहे,
बन गई मैं ग़ज़ल शायरी माँग लो।

दिल पे एहसास को रोज़ लिखते रहे,
वर्क़ वो कुछ नहीं डायरी माँग लो।

वक़्त बीते पलों की इबारत लिखे,
जिनमें बसते हो 'पूनम' सदी माँग लो।

37

अजनबी बन गये कल जो अपने रहे।
अब दुकानों पे अरमान बिकते रहे।

ख़्वाब शीशे के थे मैं ही नादान थी,
टूट करके निगाहों में चुभते रहे।

क्या दिखायें तुम्हें नब्ज़ ग़म में ढली,
ज़ख़्म आँखों से अश्कों में रिसते रहे।

आरज़ू में क़दम भी ठहरते नहीं,
जुस्तजू अपने सँग लेके चलते रहे।

दर्द इतना मिला इन्तिहां हो गई,
होश खोकर हमेशा ही हँसते रहे।

देख लो आके 'पूनम' ये हालत मिरी,
हम तो उनको ख़ुदा ही समझते रहे।

38

वो नज़र मिल गई अब ख़ुदा मिल गया।
मेरी जन्नत का मुझको पता मिल गया।

ग़म सँवरने लगे अश्क मोती बने,
दिल का आलम ये कैसा जुदा मिल गया।

नाम लेकर धड़कती रहे-दम-ब-दम,
मेरी साँसों में किसका नशा मिल गया।

हसरतें मेरी दहलीज़ पे हैं खड़ी,
आशियां इश्क़ को इक नया मिल गया।

मिल गये आप 'पूनम' मिली ज़िंदगी,
मेरे अरमां को गुलशन खिला मिल गया।

39

ये क़दम एक दिन चलके थक जायेंगे,
फूल गुलशन के भी खिलते थक जायेंगे।

वक़्त पर तुम मुहब्बत जताते नहीं,
होंठ सच मानिये कहके थक जायेंगे।

मुख़्तसर साँस है आप आये नहीं,
दौर आयेगा वो मिलके थक जायेंगे।

ये फ़साने दिलों के सुनो आज तुम,
कल यही आप सुन करके थक जायेंगे।

एक 'पूनम' की ख़्वाहिश अधूरी रही,
बाद में ख़्वाब नज़रों के थक जायेंगे।

40

है शब-ए-वस्ल अब यूँ न शरमाइए।
मेरे महबूब इक गीत अब गाइए।

जिस्म से रूह में अब उतरना ही है,
मेरे दिलवर गले आके लग जाइए।

इक इशारे पे तेरे मैं जां वार दूँ,
ज़िंदगी, ज़िंदगी में चले आइए।

शर्म अपनों से होती नहीं यार है,
है समां इश्क़ का यूँ न तरसाइए।

दिल को घायल तो 'पूनम' ने पहले किया,
अब दवा देके राहत भी दे जाइए।

41

बाद मरने के मेरे गुज़ारिश यही।
बन्द आँखें न करना है ख़्वाहिश यही।

इक झलक देख लूँ अपने महबूब को,
ये ख़बर उनको देना सिफ़ारिश यही।

आसमां कितना बेबस खड़ा देखता,
प्यास से अब तड़पती है बारिश यही।

धड़कनें छीनकर मौत को दे दिया,
ज़िंदगी ने किया आज साज़िश यही।

कुछ घड़ी वो जनाज़े को रख दें ज़रा,
कर दे 'पूनम' पे दुनिया नवाज़िश यही।

42

आपको देखकर चाँद घर आ गया।
आपका रूप इतना उसे भा गया।

वो चमकता फ़लक पे तिरे रूप से,
राज़ जो था छुपा वो नज़र आ गया।

चूमकर तेरे पावों को देखा करे,
तेरे सजदे में वो आज सब पा गया।

जब उठाकर पलक तूने देखा उसे,
तन बदन पर नशा उसके तब छा गया।

एक क़तरा मुहब्बत में दुनिया बनी,
प्यास 'पूनम' की अब तक जहां गा गया।

43

रूठ जाना मुहब्बत की है इक अदा।
मान जाना भी उल्फ़त की है इक अदा।

आख़री साँस तक मुन्तज़िर मैं रहूँ,
तुमको पाना भी हसरत की है इक अदा।

वो पतंगे सदा इश्क़ में मिट गये,
जान देना भी शोहरत की है इक अदा।

नाम लब पे रक़ीबों का चलता रहे,
याद करना भी नफ़रत की है इक अदा।

बसके साँसों में हरदम महकते थे जो,
भूल जाना भी क़ुर्बत की है इक अदा।

तुम बसे दूर 'पूनम' शहर से मिरे,
ख़्वाब में मिलना ग़ुरबत की है इक अदा।

44

तेरी फ़ुरक़त का ग़म अब दवा बन गया।
दर्द दिल का मिरे अब नशा बन गया।

साँस और ये हवा इक अलग तो नहीं,
तेरा अहसास भी अब हवा बन गया।

तेरी तस्वीर को मैं निहारा करूँ,
लफ़्ज़ अब जो बचा वो दुआ बन गया।

दर्द इतना मिला होश कुछ भी नहीं,
ज़ख़्म गहरा भले पर मज़ा बन गया।

हम तो मरके मुहब्बत निभाते रहे,
यार पूनम मिरा बेवफ़ा बन गया।

45

धड़कनें किसकी आवाज़ देतीं मुझे।
ये मुहब्बत का आगाज़ देतीं मुझे।

आसमां मेरे हिस्से का सिमटा रहा,
हसरतें मेरी परवाज़ देतीं मुझे।

इश्क़ के ताल पर मन थिरकता रहा,
ये बहारें भी इक साज़ देतीं मुझे।

कल तलक आईना मेरे घर में न था,
आज नज़रें मिरी नाज़ देतीं मुझे।

इक क़दम ज्यों रखा मैं तो उड़ने लगी,
ये ज़मीनें भी अंदाज़ देतीं मुझे।

46

बूँद में है समन्दर समाया हुआ।
मिट्टियों में है इक घर समाया हुआ।

खोजने में उसे क्यूँ फिरे दर-बदर,
वो ख़ुदा भी है अन्दर समाया हुआ।

वो फ़लक भी बँधा एक ही डोर से,
उसके सीने में बाहर समाया हुआ।

छोड़कर गाँव को हम शहर आ गये,
इन निगाहों में रहबर समाया हुआ।

देख मज़लूम को देखती रह गई,
जब दिखा इक सिकन्दर समाया हुआ।

इश्क़ शोलों का दरिया उतरना नहीं,
तुझमें पूनम अगर डर समाया हुआ।

47

इश्क़ का बहता दरिया ही होती ग़ज़ल।
ज़ख़्म दिल को मिले तब है रोती ग़ज़ल।

लफ़्ज़ होंठों पे जो फूल बनते नहीं,
वर्क़े दिल पे उन्हें लाके बोती ग़ज़ल।

अश्क अरमान का इक जनाज़ा तो है,
दाग़ दिल के सियाही से धोती ग़ज़ल।

तिश्नगी इस ज़मीं की न बुझती कभी,
बादलों की भी आँखें भिगोती ग़ज़ल।

शामियाना बहारें भी ताने रहें,
दर्द के बाज़ुओं में ही सोती ग़ज़ल।

लूटने के लिए भीड़ 'पूनम' लगी,
मोतियों सा वो अहसास खोती ग़ज़ल।

48

हसरतें बो रही हूँ यक़ीं मानिए।
दे रही है गवाही ज़मीं मानिए।

आज सहरा सा दिखता भले दिल मिरा,
ख़्वाहिशें कुछ उगेंगी वहीं मानिए।

कल गली से जो उनके गुज़र ही गई,
आरज़ूएँ वहीं पे पड़ीं मानिए।

नाम तेरा ये हरदम पुकारा करें,
धड़कनों के तुम्हीं हमनशीं मानिए।

मेरी नज़रों से ख़ुद को निहारो कभी,
चाँद तुमको कहे महजबीं मानिए।

तुम हो 'पूनम' जहां में न तुमसा कोई,
वो ख़ुदा भी कहे नाज़नीं मानिए।

49

शाम बेचैन सी आह भरती रही।
दास्तां बेवफ़ाई की सुनती रही।

दफ़्न कर वो वफ़ा सो रहा चैन से,
रूह अब तक वफ़ाओं की फिरती रही।

जब गुलों को पलक से था तुमने छुआ,
इक नज़र वो नज़ारों में सजती रही।

ग़ैर की महफ़िलें वो सजाते रहे,
मैं तसव्वुर में ही उनसे मिलती रही।

आख़री साँस 'पूनम' गई है ठहर,
एक उम्मीद भी मन में पलती रही।

50

हमनशीं आप मुझको बना लीजिए।
अपने दिल के शहर में बसा लीजिए।

इक इजाज़त हो तेरी मैं छोड़ूँ जहां,
शर्त ये है नज़र में समा लीजिए।

चाँद क़दमों में तेरे सजा दूँगी मैं,
इश्क़ की चाँदनी में नहा लीजिए।

मैं महकती रहूँगी क़यामत तलक,
साँस में यार मुझको मिला लीजिए।

मौत भी अब हमें कर न सकती जुदा,
मेरे महबूब धड़कन बना लीजिए।

आपका ग़म मैं 'पूनम' लगा लूँ गले,
मेरी ख़ुशियों को घर में सजा लीजिए।

51

मिल गई हैं किताबें तिरे याद की।
दास्तां कह रही हैं जो नाबाद की।

ज़िंदगी जी लिया जब मिली थी नज़र,
एक लम्हा मिला है दिल-ए-शाद की।

हम ज़फ़ाओं को उनके सजा के रखें,
अब न वज़हें रहीं उनसे फ़रियाद की।

ज़ख़्म में अक्स उनके उभरने लगे,
अब पता भी मिले दिल के नाशाद की।

वो फ़साने हवाओं में शामिल हुये,
इश्क़ लिखता इबारत है बर्बाद की।

आशिक़ी में मिला मुझको 'पूनम' ख़ुदा,
दर्द शामिल फ़िज़ाओं में आबाद की।

52

दिल लगाने की तुम इक ख़ता तो करो।
जान भी वार दूँ पर सज़ा तो करो।

तेरे उल्फ़त में मैं अब दीवानी हुई,
हो मसीहा मिरे अब दवा तो करो।

गर वफ़ाओं में तुमको नहीं है यक़ीं,
मेरे महबूब अब तुम ज़फ़ा तो करो।

ज़िंदगी ज़ाम के बिन अधूरी रही,
इन निगाहों से आकर नशा तो करो।

आरज़ू में तिरी मिट न जाऊँ कहीं,
होश में आऊँ 'पूनम' दुआ तो करो।

53

ये सहर याद तेरी दिलाती रही।
रोज़ बीते पलों में घुमाती रही।

हैं टँके जिसमें अहसास चूनर लिये,
उन सितारों से वो जगमगाती रही।

उनकी साँसों को उसने छुपा के रखा,
तन बदन से महक उनकी आती रही।

लफ़्ज़ आँचल में उसने सँजो के रखे,
वो मुहब्बत मिलाकर गिराती रही।

टूटकर जो गिरे जोड़ करके उन्हें,
मेरे अरमां ज़मीं पे बिछाती रही।

अब करम उसका 'पूनम' पे भारी हुआ,
ज़िंदगी मुस्कुराकर सजाती रही।

54

मौत आसान है ज़िंदगी है कठिन।
बेवफ़ाई नहीं आशिक़ी है कठिन।

तीरगी अपने हिस्से की देते सभी,
चाँद किसने दिया रौशनी है कठिन।

आँसुओं से ये आँखें भरी ही रहें,
रोक रक्खोगे कैसे ख़ुशी है कठिन।

कितना आसां क़दम रोक लो तुम कहीं,
दे सको तुम सदा साथ ही है कठिन।

कल के चिल्मन में कल भी छुपा ही रहे,
पर गुज़रता नहीं आज ही है कठिन।

बीत जाता है दिन कब न चलता पता,
पर वो फ़ुरक़त की इक रात ही है कठिन।

आवरण ओढ़कर असलियत छुप गई,
पाना 'पूनम' सी ये सादगी है कठिन।

55

कितने अरमान दिल में मचलते रहे।
रेत जैसे हवाओं में उड़ते रहे।

एक झोका हवाओं का आया इधर,
पड़के आँखों में वो आज चुभते रहे।

है चमक सिर्फ़ ही रौशनी है नहीं,
जुगनुओं के ही जैसे चमकते रहे।

हो गई उनकी यारी घटाओं से भी,
मिलके बादल के सँग वो बरसते रहे।

एक दिन तिश्नगी मेरे घर आ गई,
उसके आँचल में छुपकर सिसकते रहे।

इक तसव्वुर हुआ डूब सी मैं गई,
उनकी यादों से मिलकर सँवरते रहे।

ख़्वाहिशों में समाई ख़ुदाई यहाँ,
सारे 'पूनम' से ये मिलके कहते रहे।

56

भूल करके तुम्हें याद कुछ भी नहीं।
याद इक है तेरी भूलती ही नहीं।

मेरी साँसों का संगीत तुमसे बना,
धड़कनें बात मेरी भी सुनती नहीं।

तुमको ख़ामोश रहकर पुकारा करें,
लब की ख़ामोशियाँ चुप भी रहती नहीं।

इस जहां से अलग इक जहां है मिरा,
राज़ दिल का ज़माने से कहती नहीं।

ग़ैर के हो नहीं आप मेरे ही हो,
वरना मैं ज़ुल्म दुनिया के सहती नहीं।

खेल नज़रों का 'पूनम' हुआ इश्क़ जो,
बेवज़ह दिल की नगरी भी लुटती नहीं।

57

बूँद को ढूँढ़ने मैं समन्दर गई।
फलसफ़ा जानने उसके दर पर गई।

बूँद की शै है क्या पानियों से अलग,
करने मालूम मैं उसके अन्दर गई।

उम्रभर मैंने ख़ुद को तलाशा किया,
ज़िंदगी ख़ोजने में ही मैं मर गई।

झूमते देखकर मुझको ऐसा लगा,
ये नशीला है क्या, भरने साग़र गई।

बेख़ुदी यूँ कि ख़ुद का पता ही नहीं,
इक नज़र जो मिली मेरे दिलवर गई।

तुझको छू करके 'पूनम' ये क्या हो गया,
अब ख़बर ही न अन्दर कि बाहर गई।

58

ज़िंदगी का पता मौत के पास है।
दास्तां इनकी यारी की कुछ ख़ास है।

रूबरू देखने की है हसरत रही,
मौत है ज़िंदगी ज़िंदगी साँस है।

इस जहां में मुक़म्मल तो कुछ भी नहीं,
उस समन्दर में भी प्यास ही प्यास है।

देख लो तुम सितम की हदों से गुज़र,
दर्द-ओ-ग़म कुछ नहीं एक अहसास है।

मौत की मुन्तज़िर ही रहे ज़िंदगी,
धड़कनों का धड़कना भी इक आस है।

59

खो गया कौन मेरा तलाशूँ जिसे।
दूर है कौन मेरा बुलाऊँ जिसे।

ख़्वाब का कैसा आलम न समझा कोई,
रूबरू लाके सबको दिखाऊँ जिसे।

कौन सदियों से आवाज़ देता रहा,
खोके ख़ुद को भी पाना ही चाहूँ जिसे।

मेरे मौला भँवर में मैं ख़ुद जा फँसी,
एक माझी है साहिल पे लाऊँ जिसे।

सोचते-सोचते दिन गुज़रता रहा,
रात आने पे जी भर सुलाऊँ जिसे।

मेरे हँसने में 'पूनम' वो शामिल रहा,
अपने अश्कों में हरदम रुलाऊँ जिसे।

60

ये ज़माना है क्या कोई समझा नहीं।
कुछ सवालों का हल यार मिलता नहीं।

लोग पढ़-पढ़के उस्ताद बनते रहे,
पर किताबों का पन्ना भी खुलता नहीं।

सब निभाते हैं किरदार अपने यहाँ,
रूप असली किसी का भी रहता नहीं।

रूप दो दो धरे हम फिरें दर-ब-दर,
किसके चेहरे पे चेहरा है दिखता नहीं।

रँग बदलना न 'पूनम' की फ़ितरत में है,
पत्थरों को कहें वो पिघलता नहीं।

61

ए ख़ुदा है कहाँ मुझको आवाज़ दे।
छीनकर होश सब इक हसीं साज़ दे।

इस तरह ज़िंदगी रास आये नहीं,
कर नवाज़िश, नया एक अंदाज़ दे।

दिल बनाया तो दिल की लगी से मिला,
बस मुहब्बत का सर पे लगा ताज दे।

इक फ़लक दे मुझे जिसमें मैं उड़ सकूँ,
हौसलों को मिरे अब तू परवाज़ दे।

दूँ ख़ुदाई में तेरे मुहब्बत बिछा,
कुछ भी अंजाम हो मुझको आगाज़ दे।

मैं बदल दूँ समन्दर का नमकीन जल,
जब मिले तू मुझे नाज़ ही नाज़ दे।

62

दिलकशी यार की अब बयां क्या करूँ।
इक झलक मिल गई अब जहां क्या करूँ।

सूरतें लाख हों पर गरज़ उनसे क्या,
चाँद जिसमें नहीं आसमां क्या करूँ।

आग पे चढ़के सोने की होती परख,
आग हो ही नहीं तो धुआँ क्या करूँ।

राह को गर अँधेरे निगलने लगें,
रौशनी हो न गर तो निशां क्या करूँ।

वो चमन सारे खिलके महकने लगे,
साथ दिलवर न हो तो समां क्या करूँ।

कह सको गर न सच उसपे पहरे जो हों,
लफ़्ज़ हों क़ैद में तो ज़ुबां क्या करूँ।

तुमने 'पूनम' सितम बेतहाशा किया,
दम निकल ही गया मेहरबां क्या करूँ।

63

एक आहट पे हम तो सँवरने लगे।
सौ दिये हसरतों के भी जलने लगे।

ज़िक्र से उनके साँसें महकने लगीं,
ख़्वाहिशों के चमन फिर से खिलने लगे।

वादियों में मुझे हर सू दिखते वही,
हम तसव्वुर में ही उनसे मिलने लगे।

मिल गई है ख़बर आज सावन को भी,
कितने ख़ुश होके बादल बरसने लगे।

कल तलक आईना कितना ख़ामोश था,
आईने भी अभी से निखरने लगे।

वो गली रुकके 'पूनम' के चूमे क़दम,
रास्ते साथ में मेरे चलने लगे।

64

रात से जो नज़र सुब्ह की मिल गई।
सुब्ह के मन की देखो कली खिल गई।

तेरे जलवों में मुझको क़यामत दिखे,
आपको देख करके ज़ुबां सिल गई।

जब हवा में मुहब्बत को लेकर उड़ें,
उनके कानों की बाली तभी हिल गई।

ख़ार ने जब गुलों को छुआ प्यार से,
फूल के दिल की नाज़ुक कली खिल गई।

सोचकर रातभर मैं जगा ही रहा,
ज़िंदगी पहले 'पूनम' की ग़ाफ़िल गई।

65

ज़िंदगी हो मिरी तुम कहा मान लो।
मौत के बाद मेरे ही हो जान लो।

सारी ख़ुशियाँ ज़माने की देंगे तुझे,
बेवज़ह ग़ैर के अब न अहसान लो।

अब झुका ही दिया सर तिरे सामने,
दिल तुम्हारा हुआ चाहो तो जान लो।

तीरगी भी सितारों सी दिखने लगे,
काम मुमकिन सभी आप गर ठान लो।

अपनी पलकें बिछा दूँ गली में तिरी,
राह में दूँ सजा मेरे अरमान लो।

बात पे तेरी 'पूनम' है इतना यक़ीं,
अपने आँचल में रख मेरे ईमान लो।

66

मार डालेगी अब बेवफ़ाई तिरी।
जान ले लगी अब याद आई तिरी।

ये हवायें भी ख़ंजर चलाती चलें,
आज फिर बात उसने चलाई तिरी।

मैं तड़पने लगी ज़ख़्म छिल से गये,
आज चर्चा पड़ी फिर सुनाई तिरी।

हो नज़र में तुम्हें कैसे भूलूँ तुम्हें,
उसने सूरत दोबारा दिखाई तिरी।

मेरे अश्कों को लेकर घटायें चलें,
दास्तां उसने फिर से सुनाई तिरी।

ख़ाक करना अगर इश्क़ की है अदा,
आग 'पूनम' ने फिर से लगाई तिरी।

67

मैं कफ़न में छुपा लूँ कहानी तिरी।
दफ़्न कर दूँगी यारा निशानी तिरी।

शब के आँचल में अहसास सब बाँध दूँ,
भूल जाऊँ मैं बातें पुरानी तिरी।

बादलों में मिला सारे अरमान दूँ,
बन्द पलकों में रातें सुहानी तिरी।

संगदिल ख़ुश रहो तुम क़यामत तलक,
दे रही है दुआ ये दीवानी तिरी।

वादियों में वफ़ा मेरी महका करे,
साँस है इक हवा आनी जानी तिरी।

जा रही आज 'पूनम' तुझे छोड़कर,
क़ब्र में याद मुझको सजानी तिरी।

68

तुम निगाहों से साँसों में आने लगे।
रूह में बन सुकूं अब समाने लगे।

ज़िंदगी ज़िंदगी में समा ही गई,
यूँ दिलों को दिलों के निशाने लगे।

अब नशेमन की मुझको ज़ुरूरत नहीं,
तेरी राहों में अब आने जाने लगे।

उन बहारों से मुझको गरज़ ही नहीं,
अब ख़िज़ांओं के मौसम सुहाने लगे।

यार मेरे तिरे रँग में जब से रँगी,
वो सितारे फ़लक के पुराने लगे।

इक झलक मुझको 'पूनम' की दे दे ख़ुदा,
हम तो दीवाने तेरे कहाने लगे।

69

है इनायत तिरी तुम हमारे बने।
इश्क़ तुमसे हुआ हम तुम्हारे बने।

इस ज़माने ने मुड़ करके देखा नहीं,
अब ख़ुदा मिल गया तुम सहारे बने।

मैं सफ़र में रही मंज़िलें दूर थीं,
काम बिगड़े हुये आज सारे बने।

प्यार इतना मिला ज़िंदगी खिल गई,
हम किसी की निगाहों के तारे बने।

मेरी साँसों में ख़ुशबू तिरी आ रही,
दोनों बहती नदी के ही धारे बने।

इश्क़ को पानियों में मिला देंगे हम,
जो समन्दर जहां में भी खारे बने।

70

तुम जुदा हो गये देखते-देखते।
अब क़यामत हुई सोचते-सोचते।

अश्क आँखों से गिरते रहे दम-ब-दम,
पाँव ज़ख़्मी हुये खोजते-खोजते।

देखने को निगाहें तरसती रहीं,
लब भी घायल हुये बोलते-बोलते।

साँस थमने लगी नब्ज़ जम सी गई,
तुम ख़ुदा बन गये पूजते-पूजते।

राज़ दिल का ज़माने पे ज़ाहिर न हो,
लफ़्ज़ ज़ख़्मी हुये तोलते-तोलते।

इसको 'पूनम' झलक देके सिल दो ज़रा,
चाक दामन हुआ घूमते-घूमते।

71

आदमी में हैं शामिल यही मिट्टियाँ।
नेमतों में भी हासिल यही मिट्टियाँ।

आसमां में उड़ो लेके परवाज़ तुम,
पंख में भी हैं शामिल यही मिट्टियाँ।

ख़ूब इतरा रहा इल्म पर बेख़बर,
ज़ह्न तेरा है क़ाबिल यही मिट्टियाँ।

पार करता समन्दर तू तदबीर से,
जिसको कहते हो साहिल यही मिट्टियाँ।

एक दिन-चाँद तारे भी बुझ जायेंगे,
वो सितारे भी झिलमिल यही मिट्टियाँ।

मत हँसो होश वालों हो तुम भी यही,
दर-ब-दर फिरता ग़ाफ़िल यही मिट्टियाँ।

सच है 'पूनम' वफ़ाओं के होकर रहो,
तेरे अन्दर भी सँगदिल यही मिट्टियाँ।

72

ज़िंदगी दर्द है दर्द है ज़िंदगी।
बहते शोलों का दरिया ही है आशिक़ी।

ज़ख़्म दिल को मिले बेतहाशा यहाँ,
इक मुखौटा ही है जिसको कहते ख़ुशी।

लोग मतलब से यारी निभायें यहाँ,
हर कोई कर रहा है यहाँ दिल्लगी।

बनके हमराज़ वो राज़ ले लेंगे सब,
और ख़बर फिर हवाओं को देंगे सभी।

चाँद पे हक़ है उनका वो कहते सदा,
छीन लेते दिया जो करे रौशनी।

जो कली को मसलने में मसरूफ़ थे,
रास्तों पे बिछाते रहे ख़ार ही।

73

ये शहर आपका दिल लुभाने लगा।
वो मुहब्बत के नग़में भी गाने लगा।

तेरे जलवों की रौनक़ निगाहों में है,
तेरी खिड़की से नज़रें मिलाने लगा।

तेरे क़दमों को छू करके राहें चलीं,
मैं तो रस्ते पे सर को झुकाने लगा।

तेरे चेहरे से रोशन फ़िज़ायें हुईं,
रात को दिन सभी से बताने लगा।

वो क़मर भी दीवाना तिरे हुस्न पे,
चाँद को मैं दिनों में दिखाने लगा।

खो गया आपमें मैं बचा कुछ नहीं,
नाम तेरा मैं अपना बताने लगा।

ज़िंदगी मिल गई जब से 'पूनम' मिले,
मौत से मिलके अब मुस्कुराने लगा।

74

चाँदनी उनकी गलियों में आया करे।
हसरतों से उन्हें वो बुलाया करे।

उनके चेहरे से दुनिया ये रौशन हुई,
वो ख़ुदा देखकर मुस्कुराया करे।

होंठ को देख उनके कली खिल गई,
कहकशाँ आसमां से दिखाया करे।

आशिक़ों ने तिरा नाम दिल पे लिखा,
अब मुहब्बत तिरा रुख़ सजाया करे।

मैं नशे में रहूँ ख़ुशनसीबी मिरी,
गर नज़र से मुझे वो पिलाया करे।

वो जो वीरान गुलशन था अब खिल गया,
तो पलक उनकी गुल चूम जाया करे।

जान क़ुर्बान 'पूनम' ने तुझपे किया,
रस्म उल्फ़त की सबको सिखाया करे।

75

एक दिन मुझसे मिलने वो घर आ गये।
बनके बादल मिरे मन पे वो छा गये।

उनके अहसास में डूबती ही गई,
रूह को मेरी वो इस कदर भा गये।

यूँ लगा जैसे मैं ख़ुद से ख़ुद मिल गई,
गीत वो बन गये हम उन्हें गा गये।

थे कहाँ आज तक उनसे पूछूँगी मैं,
तीरगी खो गई रोशनी ला गये।

ज़िंदगी को मिरे इक मकां मिल गया,
आप जो मिल गये हम ख़ुदा पा गये।

मुस्कुराने लगे ग़म हमारे सभी,
साथ 'पूनम' वो अपने ख़ुशी ला गये।

76

धड़कनों में तिरी प्यास बसती रही।
तिश्नगी अब क़लम से भी बहती रही।

कितने अफ़साने होंठो पे आके रुके,
ये नज़र होके ख़ामोश कहती रही।

ज़िक्र उनका न हो ये हिदायत दिया,
पर सबा नाम ले उनका चलती रही।

दफ़्न अरमान सारे किये थे मगर,
अब सियाही भी अहसास लिखती रही।

दास्तां उनके क़दमों की दिल में छुपा,
राह आकर क़दम से ही मिलती रही।

वादियों में दीवानी सी फिरती रहूँ,
चाँदनी संग 'पूनम' भी खिलती रही।

77

हँसके दिल तोड़ देना है आदत तिरी।
ज़ख़्म देती रही मुझको सोहबत तिरी।

इश्क़ करती नहीं जानती गर तुम्हें,
धड़कनें छीन ली मेरी, उल्फ़त तिरी।

इक इशारे पे तेरे ये छोड़ा जहां,
मैंने सर पे सजाया इजाज़त तिरी।

आप इल्ज़ाम मुझ पर लगाते रहे,
मैंने हँसके सही सारी तोहमत तिरी।

सर झुका जब से 'पूनम' झुका रह गया,
है परस्तिश हमारी, मुहब्बत तिरी।

78

छूटता हाथ मेरा पकड़ लीजिए।
अब क़यामत तलक साथ दे दीजिए।

डूब जाना गवारा है मझधार में,
इक इशारा अगर आप कर दीजिए।

तुमपे ख़ुद से भी ज़्यादा भरोसा किया,
आप चाहें मेरी जान ले लीजिए।

इक नज़र प्यार से देख लो बस अभी,
रुख़सती की इजाज़त हमें दीजिए।

वो मुहब्बत का पल ज़िंदगी से बड़ा,
ज़िंदगी आप बदले में ले लीजिए।

कह रही तुमसे 'पूनम' मिरे हमसफ़र,
आप मेरे हो वादा ये कर लीजिए।

79

मैं तुम्हें चाँद का आज उपहार दूँ।
मेरे महबूब तुम पर ख़ुशी वार दूँ।

रूह में लूँ समा तुमको जन्मों तलक,
मैं लगाकर गले प्यार ही प्यार दूँ।

आप आओ खिला दूँ महकते चमन,
वो बहारें तुझे मेरे दिलदार दूँ।

ग़म सजा लूँ तुम्हारे, इजाज़त तो दो,
मैं मुहब्बत भरा एक संसार दूँ।

शायरा बनके 'पूनम' ग़ज़ल में ढली,
इश्क़ में जो पिरोये वो अशआर दूँ।

८०

ख़्वाब में छुपके क्यूँ रोज़ आते हो तुम।
मुझको देके झलक क्यूँ सताते हो तुम।

रूबरू गर तुम्हें मेरे आना नहीं,
इश्क़ नज़रों से फिर क्यूँ जताते हो तुम।

हमसफ़र बनके गर साथ चलना नहीं,
हमनशीं मुझको फिर क्यूँ बताते हो तुम।

नज़्म उल्फ़त की गूँजा करे हर तरफ़,
वक़्त के साज़ पर गीत गाते हो तुम।

बाद जाने के भी मैं महकती रही,
संग में ख़ुशबुएँ अपने लाते हो तुम।

कितनी बैचैन 'पूनम' जगी नींद से,
चैन भी साथ ले अपने जाते हो तुम।

81

उन परिंदों की मंज़िल है होती कहाँ।
बेख़बर हो नज़र उनकी सोती कहाँ।

टूटकर चूर हों ज़ख़्म इतने मिलें,
पत्थरों की निगाहें हैं रोती कहाँ।

इश्क़ का वो शजर जिसका साया मिले,
बेवफ़ाई मुहब्बत को बोती कहाँ।

आरज़ू जुस्तजू गर किसी की न हो,
जिसको पाया नहीं उसको खोती कहाँ।

नाम 'पूनम' का सावन भी लेते रहे,
वरना बूँदें बदन को भिगोती कहाँ।

82

मेरे महबूब तुम इक नज़र देख लो।
मैं दीवानी बनूँ ये असर देख लो।

जो लबों पर अभी तक दबा के रखी,
अब फ़साना बनी वो ख़बर देख लो।

मस्तियाँ उसके मौसम में घुल ही गईं,
तेरी आहट जो पाया शहर देख लो।

वो चमन राह तेरी निहारे खड़ा,
अब महकने लगा हर शजर देख लो।

रात 'पूनम' की हो खिल उठे तन ओ मन,
मैं सँवर जाऊँगी तुम अगर देख लो।

83

रूप खिल सा गया इक नशा छा गया।
रंग लेकर मिरा यार घर आ गया।

अब नशीली हवा लड़खड़ाने लगी,
देखो फागुन शराबी इधर आ गया।

एक रँग में रँगा है ज़माना यहाँ,
इश्क़ का रंग मन को मिरे भा गया।

अब निगाहों में तस्वीर उनकी बसी,
कौन आया नज़र को जो तड़पा गया।

उनकी पलको ने मुझको रँगा इस कदर,
हर तरफ़ रंग ही रंग छितरा गया।

रंग हल्का कभी मुझको भाया नहीं,
अक्स चूनर में उनका मिला आ गया।

मन में ख़्वाहिश ये थी उनको रँग लूँगी मैं,
देख 'पूनम' मिरा होश खो सा गया।

84

इश्क़ के रंग में आज रँग लो मुझे।
तुम गुलाबी गुलाबी सा कर दो मुझे।

रंग बिखराती देखो हवायें चलीं,
कह रहीं अपनी साँसों में भर लो मुझे।

लब की ख़ामोशियाँ अब तो कहने लगीं,
गुम सदायें भी कहती हैं सुन लो मुझे।

उन बहारों के मौसम में मय सी घुली,
साक़िया कह रही अब सँभालो मुझे।

ये ज़माना रँगा है मुहब्बत के रँग,
चाँदनी कह रही अँग लगा लो मुझे।

85

रंग दूजा नहीं प्यार के रंग सा।
कुछ भी प्यारा नहीं यार के संग सा।

अपनी साँसों में मुझको समा लीजिए,
है न मिलता मिलन इश्क़ के ढंग सा।

इक परस्तिश ही है कहते उल्फ़त जिसे,
अब दिखे है ख़ुदा इश्क़ के रंग सा।

नेमतों को गले से लगाया किये,
चैन मिलता न दिलदार के अंग सा।

86

रंग हल्के सजन तुम लगाना नहीं।
हाथ थामा है तो फिर छुड़ाना नहीं।

ज़िंदगानी की राहों में मिलकर चलें,
आ गये हो तो फिर आके जाना नहीं।

आप होली में आकर गले यूँ मिलो,
ढूँढ़ पाये हमें फिर ज़माना नहीं।

इक नज़र में नज़र बनके गर तुम रहो,
फिर किसी और से दिल मिलाना नहीं।

मिटके रस्म-ए-वफ़ा को निभायेंगे हम,
हम बनेंगे हक़ीकत फ़साना नहीं।

तन ओ मन आज 'पूनम' के रँग में रँगा,
उम्र भर अब मुझे रँग छुड़ाना नहीं।

87

मेरी नज़रें तलाशें मिरे यार को।
दिल तरसता रहे सिर्फ़ इज़हार को।

धड़कनें हर समय तुझको ढूँढ़ा करें,
है ये हसरत मैं पाऊँ तिरे प्यार को।

लफ़्ज़ झूठे तिरे सच्ची नज़रें तिरी,
जो बयां कर रहीं तेरे इक़रार को।

मंदिरों की ज़ुरूरत नहीं है हमें,
मैं तो सजदा करूँ अपने दिलदार को।

शायरा बनके 'पूनम' ने छोड़ा जहां,
तेरे क़दमों पे वारा है अशआर को।

८८

बेवफ़ा से कभी दिल लगाना नहीं।
पर वफ़ाओं से दामन बचाना नहीं।

ज़िंदगी इश्क़ बिन होती बेकार है,
हाथ उल्फ़त से अपना छुड़ाना नहीं।

ग़म तुम्हारे सदा जिसने हँसके सहे,
याद रखना उसे तुम रुलाना नहीं।

तुम ख़फ़ा लाख हो अपने दिलदार से,
ग़ैर की महफ़िलों को सजाना नहीं।

जिसके पलकों के साये में महफ़ूज़ हो,
उन निगाहों से बढ़कर ठिकाना नहीं।

तेरी ख़ुशियों पे जिसने ख़ुशी वार दी,
उनके क़दमों से तुम दूर जाना नहीं।

८९

मैं छुपा लूँ तुम्हें इस नज़र में कहीं।
आ बसा लूँ तुम्हें दिल के घर में कहीं।

चल सकूँगी नहीं पाँव ज़ख़्मी मिरे,
हाथ तुम थाम लो आ सफ़र में कहीं।

इत्तिफ़ाक़न गली में तिरी आ गया,
दिल मिरा खो गया उस डगर में कहीं।

अजनबी सी निगाहों ने घेरा मुझे,
मेरा सामान छूटा शहर में कहीं।

धड़कनों में समन्दर समाया लगे,
ख़्वाहिशें मिल गई हैं लहर में कहीं।

देख 'पूनम' को बस देखता रह गया,
हसरतें पल रहीं हैं नज़र में कहीं।

९०

रंग ऐसा लगाओ कि छूटे नहीं।
यार ऐसा मनाओ कि रूठे नहीं।

मुंतज़िर में तिरे कोई दे देगा जां,
वादे करना कभी आप झूठे नहीं।

दौलतें छीन सकती है दुनिया यहाँ,
दिल की दौलत कोई तेरी लूटे नहीं।

अपनी साँसों में उल्फ़त बसा के रखो,
अब क़यामत तलक साथ छूटे नहीं।

मौत के बाद 'पूनम' को चाहूँगा मैं,
ज़िंदगी भर मुहब्बत ये टूटे नहीं।

91

फूल भी खिल गये आप आये नहीं।
अब बहारों के मौसम सुहाये नहीं।

चाँदनी भी जलाने लगी इस क़दर,
चाँद का रूप अब मुझको भाये नहीं।

फूल भी ज़ख़्म पे ज़ख़्म देने लगे,
वो सितारा भी अब मुस्कुराये नहीं।

मेरी नज़रें नज़ारों से बेख़ुद रहें,
वो हवा भी कोई गीत गाये नहीं।

ज़िक्र जब भी मुहब्बत का होने लगा,
दर्द दिल का किसी को बताये नहीं।

अब चले आइये मर ही जायेंगे हम,
मर मिटे आप पर हम पराये नहीं।

लोग 'पूनम' के क़िस्से सुनाते रहे,
आप उल्फ़त की रस्में निभाये नहीं।

92

तुम मुझे भूल जाओ तुम्हारी रज़ा।
पर तुम्हें याद करना हमारी रज़ा।

नाम से तेरे होती हमारी सहर,
मैं सजाती हूँ पलकों में सारी रज़ा।

तेरे क़दमों में जन्नत है दिखती हमें,
तुझको सजदा करे मेरी प्यारी रज़ा।

मौत 'पूनम' तुम्हें मार सकती नहीं,
बाद मरने के चाहूँ हमारी रज़ा।

93

दास्तां तेरी राहें सुनाने लगीं।
हमसफ़र तुमको अपना बताने लगीं।

इक वसीयत लिखी है तिरे पाँव ने,
उसको दिल में ज़मीनें सजाने लगीं।

वो वफ़ा के निशां उसने दिल में रखे,
इश्क़ सबके दिलों में उगाने लगीं।

ख़ुशबुएँ आ गईं तुमसे मिलने इधर,
उड़के गुलशन से मिलने वो जाने लगीं।

मोड़ से तुमको आवाज़ देती नज़र,
वो सदायें भी 'पूनम' रुलाने लगीं।

94

दर्द-ए-दिल बादलों को भी होता ही है।
वो बरस करके दामन भिगोता ही है।

ख़ार महफ़ूज़ गुल को रखे हर घड़ी,
बेख़बर होके गुल रोज़ सोता ही है।

वो ख़िज़ांयें चमन से मुहब्बत करें,
ज़ुल्म मौसम का हर शै पे होता ही है।

बेवफ़ा यार पे भी तरस खाइए,
वो वफ़ाओं को भी अपनी खोता ही है।

संग दिल को मुहब्बत अगर हो गई,
वो शब-ए-ग़म में बेज़ार रोता ही है।

चाँद और चाँदनी साथ रहते सदा,
रात 'पूनम' की वो हँसके बोता ही है।

95

शाम आ करके दस्तक सी इक दे गई।
मेरे अहसास सँग में उड़ा ले गई।

डूब करके तसव्वुर में बैठे थे हम,
संग अपने हसीं ख़्वाब वो ले गई।

मैंने तस्वीर उनकी पकड़ के रखा,
रँग हथेली से मेरे छुड़ा ले गई।

उनको छू करके आई है मदहोश वो,
इन नज़ारों को इक जाम सा दे गई।

ये फ़ज़ा भी दीवानी सी 'पूनम' फिरे,
आ गई थी इधर से, उधर से गई।

96

इक इबारत मुहब्बत की लिख दो सनम।
बेख़ुदी में मिरा नाम ले लो सनम।

इश्क़ में डूबकर देख लो एक दिन,
धड़कनों का कोई गीत सुन लो सनम।

गर ख़ुदा मिल न जाये तो कहना मुझे,
यार को अपने तुम सजदा कर लो सनम।

दौलतें सारी क़दमों में मिल जायेंगी,
दिल की दौलत गले से लगा लो सनम।

एक 'पूनम' पे दुनिया ही जां वारती,
तुम भी आ करके अब आज़मा लो सनम।

97

ऐ ख़ुदा तूने दुनिया बनाई ही क्यूँ।
प्रीत तूने दिलों में जगाई ही क्यूँ।

आदमी सिर्फ़ तड़पा करे रात-दिन,
ये ख़ुदाई लगे है पराई ही क्यूँ।

मुझको तन्हाइयाँ रास अब आ गईं,
ये हवा भी ख़बर उनकी लाई ही क्यूँ।

यूँ सरे आम रुसवा किया आपने,
चोट शीशे ने पत्थर से खाई ही क्यूँ।

हर घड़ी सोचती भूल जाऊँ उन्हें,
याद आई अधिक तो भुलाई ही क्यूँ।

रस्म दुनिया की 'पूनम' निभानी ही है,
बेवज़ह साँस फिर लौट आई ही क्यूँ।

98

सांँस बेचैन किसको बुलाती रही।
इक सदा दूर से कैसी आती रही।

रूह प्यासी रही हम तड़पते रहे,
ये घटा याद किसकी दिलाती रही।

किसकी हसरत गुलों की नज़र में पले,
वो कली गीत उल्फ़त के गाती रही।

मेरी ज़ुल्फ़ों को आके सहर ने छुआ,
किसकी ख़ुशबू से वो झूम जाती रही।

एक पल के लिए मुझसे 'पूनम' मिले,
इक दुआ बनके लब पे ये आती रही।

९९

मेरे दिल में समा जाइए।
इन निगाहों में आ जाइए।

ज़िंदगी में नशा कम न हो,
यूँ नज़र से पिला जाइए।

मुन्तज़िर हूँ बड़ी देर से,
इक झलक तो दिखा जाइए।

नींद आती नहीं अब हमें,
गेसुओं में सुला जाइए।

आईने ने सजाया नहीं,
रूप को अब सजा जाइए।

देख 'पूनम' को खिलते हैं गुल,
इस चमन को खिला जाइए।

100

चाँद मैं लाके दूँ तुम कहो।
मैं क़दम चूम लूँ तुम कहो।

ग़म तिरे लूँ गले से लगा,
मैं ख़ुशी वार दूँ तुम कहो।

धूप की हर तपिश रोक लूँ,
चाँदनी तान दूँ तुम कहो।

इक नज़र देख लो तुम हमें,
ज़िंदगी वार दूँ तुम कहो।

साँस वीरान थी आज तक,
मैं सजा उसको लूँ तुम कहो।

मैं तो तन्हा चली अब तलक,
साथ 'पूनम' को लूँ तुम कहो।

101

आप मेरे ही हो मान लो।
जान हो मेरी तुम जान लो।

रखता अहसास को जो छुपा,
उस समन्दर को पहचान लो।

पत्थरों में है होता ख़ुदा,
उसको पा लोगे गर ठान लो।

दर्द कहना नहीं ग़ैर से,
बेवज़ह के न अहसान लो।

इश्क़ करना नहीं तुम कभी,
मौत का तुम न सामान लो।

अब मुहब्बत का कर दो करम,
दिल क्या 'पूनम' मिरी जान लो।

102

शाम के सँग चले आइये।
जाम नज़रों के पी जाइये।

देख मुझको सँवर जाओ तुम,
आईने में उतर जाइये।

चाँद नाराज़ है आजकल,
जुगनुओं को भी घर लाइये।

दिल जलाकर रखा है यहाँ,
राह में रोशनी पाइये।

दम निकल जाये बिन आपके,
याद इतना नहीं आइये।

तेरे क़दमों में हो चाँदनी,
रात 'पूनम' की ले जाइये।

103

एक हसरत है दीदार हो।
इन निगाहों से इज़हार हो।

मैं तड़पती रहूँ दम-ब-दम,
तीर दिल के मिरे पार हो।

बेख़ुदी में रहूँ इस कदर,
बिन कहे तुमसे इक़रार हो।

ग़म के नाम-ओ-निशां हों नहीं,
हर तरफ़ प्यार ही प्यार हो।

नब्ज़ थमने लगे बिन तिरे,
धड़कनों में तू ही यार हो।

वर्क़ पे नाम 'पूनम' लिखूँ,
मिल गया है वो अशआर हो।

104

उनसे जब से नज़र मिल गई।
ज़िंदगी की डगर मिल गई।

इक वज़ह मिल गई साँस को,
धड़कनों को ख़बर मिल गई।

ज़ह्न-ओ-दिल में बसे तुम मिरे,
अब ग़ज़ल को बहर मिल गई।

यूँ अचानक मिली आपसे,
तीरगी से सहर मिल गई।

दिलकशी हुस्न 'पूनम' तिरा,
मैं चुरा लूँगी गर मिल गई।

105

अब समां इश्क़ का आ गया।
मेरा आँचल भी लहरा गया।

वो बग़ल से गुज़र क्या गये,
धड़कनों पे नशा छा गया।

ये फ़िज़ायें महकने लगीं,
ख़ुशबुएँ कौन बिखरा गया।

गुनगुनाने लगे लब मिरे,
लेके ख़ुशियाँ वो घर आ गया।

अब सँवरने लगा है चमन,
उनकी आहट वो जो पा गया।

ज़ुल्फ़ उड़ने लगी है मिरी,
साज़ पे गीत वो गा गया।

देख 'पूनम' निखरने लगी,
चाँदनी कौन छितरा गया।

106

इश्क़ का ये असर देख लो।
मैं तड़पती इधर देख लो।

तीर ऐसा लगा है मुझे,
हाल-ए-दिल बेख़बर देख लो।

इक इशारे पे छोड़ूँ जहां,
नाम लेके अगर देख लो।

आज की शब ठहर जाओ तुम,
इक हसीं सी सहर देख लो।

जी सकूँगी न तेरे बिना,
ज़ख़्म खाया जिगर देख लो।

साथ 'पूनम' का प्यारा बड़ा,
आके दीवार-ओ-दर देख लो।

107

मेरी क़िस्मत जगा जाइये।
अपनी सूरत दिखा जाइये।

बिन तिरे अब ख़िज़ां ही रही,
दिल का गुलशन खिला जाइये।

आज मौसम बहारों का है,
अब निगाहें मिला जाइये।

अश्क आँखों में है अब तलक,
आके मुझको हँसा जाइये।

ज़िंदगी मेरी वीरान है,
आके 'पूनम' बसा जाइये।

108

अब तो जलवा दिखा दीजिए।
रुख़ से पर्दा हटा दीजिए।

आ गये दिन क़यामत के जो,
तो क़यामत ही ला दीजिए।

जलके हो जाऊँगा ख़ाक मैं,
आग ऐसी लगा दीजिए।

तेरे रँग में ही रँग जाऊँगा,
तन-ओ-मन को रँगा दीजिए।

प्यास-शोला मिरी बन गई,
एक दरिया बहा दीजिए।

इश्क़ की इक ख़ता हो गई,
सख़्त हमको सज़ा दीजिए।

हर सितम मैं गवारा करूँ,
साथ 'पूनम' निभा दीजिए।

109

शब भी आवाज़ देती चले।
आस परवाज़ देती चले।

तुम ठहरना नहीं राह पर,
वो गली साज़ देती चले।

शख़्सियत कुछ तिरी ख़ास है,
साँस अंदाज़ देती चले।

कुछ भी अंज़ाम हो डर नहीं,
रूह अंदाज़ देती चले।

ज़िंदगी ने सँवारा ही है,
मौत भी ताज देती चले।

110

आप आकर के यूँ चल दिये।
मुस्कुरा करके यूँ चल दिये।

मैं दीवानी बनी आपकी,
दिल लुभा करके यूँ चल दिये।

साँस में चल रहे आप ही,
पास आ करके यूँ चल दिये।

गुनगुनाती रही आपको,
गीत गा करके यूँ चल दिये।

चाँदनी साथ तेरे गई,
ख़ुद नहा करके यूँ चल दिये।

मैंने आवाज़ दी सुन तो लो,
अनसुना करके यूँ चल दिये।

देखकर बेख़ुदी छा गई,
कुछ पिला करके यूँ चल दिये।

राह 'पूनम' निहारे खड़ी,
क्या दिखा करके यूँ चल दिये।

111

कहते-कहते ये क्या कह दिया।
उनको ही दिलरुबा कह दिया।

कितना मग़रूर वो देख लो,
भूल से मैंने क्या कह दिया।

राज़-ए-दिल मैं छुपाती रही,
पर हक़ीक़त बता, कह दिया।

ज्यों ही सजदा किया पाँव में,
बेख़ुदी में ख़ुदा कह दिया।

बेवफ़ा लोग उनको कहें,
बज़्म में बावफ़ा कह दिया।

नब्ज़ 'पूनम' भले थम रही,
दर्द को ही दवा कह दिया।

112

होश में ला दे अब साक़िया।
कल पिला देना सब साक़िया।

उनकी तस्वीर ही देख लूँ,
डूब जाऊँ मैं तब साक़िया।

उस नशे को नशा क्या कहूँ,
दिखता साग़र में जब साक़िया।

तिश्नगी बढ़ गई इस क़दर,
मय में शामिल है लब साक़िया।

शोर 'पूनम' है मय का बहुत,
दर्द दिखता न अब साक़िया।

113

इक नज़र में ही दिल ले लिया।
जान भी वार तुमपे दिया।

मिल गये हो हमें आप जो,
दर्द हँस करके सब ले लिया।

हर ख़ुशी तुमको ख़ुश होके दी,
मिन्नतें करके ग़म ले लिया।

सादगी भा गई है हमें,
रूह में अब उतरने दिया।

सर ये 'पूनम' को सजदा करे,
अपना ईमान सदक़े दिया।

114

रेत पे नाम तेरा लिखा।
पर समन्दर का फेरा लिखा।

पानियों में वसीयत छुपी,
ख़ास अहसास मेरा लिखा।

वो क़दम के निशां मिट गये,
रोज़ आता सबेरा लिखा।

मेरे अरमां महकते रहे,
ख़ुशबुओं का भी डेरा लिखा।

इश्क़ तेरा समन्दर ही है,
देख 'पूनम' बसेरा लिखा।

115

देखिए आदमी है डरा।
मौत आने से पहले मरा।

इल्म शामिल न उसमें दिखे,
बात ही बात से है भरा।

रात-दिन भागना बेवजह,
बैठकर सोच लो अब ज़रा।

रूप नकली छुपेगा नहीं,
है चकमता ही सोना खरा।

ज़ुल्म करना नहीं तुम कभी,
जो फला आज, कल वो झरा।

तू उधारी की 'पूनम' बनी,
इस ज़मीं का ज़मीं पे धरा।

116

धड़कनों में तुम्हारा नशा।
बेख़ुदी में न कुछ भी बचा।

आप मुझको नहीं गर मिले,
मैं बदल दूँगा अपना ख़ुदा।

साँस को ज़िंदगी मिल गई,
रूबरू आपसे जो मिला।

मेरी तक़दीर में तू नहीं,
मैं मुक़द्दर से लूँगा लिखा।

आप 'पूनम' हो दुनिया मिरी,
है ज़माने को इसका पता।

117

रातभर शम्मा जलती रहे।
साथ अहसास मेरे जले।

टूटकर ज़ख़्म देते सभी,
ख़्वाब आँखों में जो हैं पले।

अब शब-ए-वस्ल का क्या करूँ,
शबनमी मेरे अरमां ढले।

अब धड़कना गवारा नहीं,
यूँ तड़प करके धड़कन कहे।

पल ठहर सा गया है मिरा,
वक़्त लमहों के सँग में चले।

आप जिस पर रखे पाँव हो,
ख़्वाहिशों को लगा लें गले।

कितनी हसरत है 'पूनम' तिरी,
ए ख़ुदा दिल्लगी क्यूँ करे।

118

तुम मिरा इक हसीं ख़्वाब हो।
सच कहूँ दिलनशीं ख़्वाब हो।

रोशनी वो क़मर माँगता,
आप तो महजबीं ख़्वाब हो।

ख़ुशनसीबी मिरी तुम मिले,
रूह का हमनशीं ख़्वाब हो।

इन नज़ारों में तू ही दिखे,
दिख रहा हर कहीं ख़्वाब हो।

क्यूँ हक़ीक़त ये 'पूनम' बने,
सिर्फ़ तुम नाजनीं ख़्वाब हो।

119

तुम मिलो चाँदनी रात में।
इश्क़ बरसेगा बरसात में।

मैं निगाहों में तुमको रखूँ,
लूँ चुरा बात ही बात में।

धड़कनों में तुम्हें लूँ बसा,
डूब जाऊँ ख़यालात में।

ऐ ख़ुदा माफ़ कर देना तुम,
बेख़ुदी होगी जज़्बात में।

मुझको 'पूनम' कहाँ होश है,
अब नशीले से हालात में।

120

नाम जैसे ही तेरा लिया।
झूमती आ गई वो सबा।

इन फ़ज़ाओं में हैं मस्तियाँ,
लड़खड़ाये नज़ारे ज़रा।

चाँदनी को लगाकर गले,
चाँद भी हो गया आशना।

वो समन्दर भी आवाज़ दे,
मौज में दिल की धड़कन मिला।

मैं तो मदहोश हूँ इस क़दर,
कोई मुझको सँभालो ज़रा।

चाँद 'पूनम' का लगते हो तुम,
गेसुओं को दो रुख़ से हटा।

121

साथ में अपने ले लो मुझे।
आसरा दिल का दे दो मुझे।

ज़ुल्म सह लेंगे हम तो सभी,
सिर्फ़ अपना बना लो मुझे।

आग पर साथ तेरे चलूँ,
अब गले से लगा लो मुझे।

बिन मिरे ये सफ़र कुछ नहीं,
मंज़िलों आज़मा लो मुझे।

ख़ार भी फूल जैसा लगा,
ऐ ख़िज़ांओं सजा दो मुझे।

हमसफ़र आपसा है नहीं,
राह 'पूनम' दिखा दो मुझे।

122

मेरा महबूब घर आ गया।
नूर चेहरे पे अब छा गया।

ज़ुल्फ़ उड़ने लगी देखकर,
आईना रुख़ से शरमा गया।

जुगनुओं की चमक बढ़ गई,
वो सितारे भी सँग ला गया।

हो गया मुझपे तेरा करम,
इश्क़ मेरा तुझे भा गया।

आके 'पूनम' तू जाना नहीं,
ख़ुशनसीबी तुझे पा गया।

123

इश्क़ का मुझपे कर दो करम।
मेरे दिलदार मेरे सनम।

गर्दिशों को लगा लूँ गले,
मिट गये मेरे सारे भरम।

तुम मुझे छोड़ जाना नहीं,
है तुम्हें मेरे सर की क़सम।

तुम निगाहें मिलाओ ज़रा,
कौन अपनों से करता शरम।

प्यार की उम्र होती बड़ी,
लूँगी तेरे लिये सौ जनम।

ज़िंदगी तुम हो 'पूनम' मिरी,
आप पर जान दे देंगे हम।

124

बेवफ़ा याद आई तिरी।
दास्तां क्यूँ सुनाई तिरी।

ज़िक्र लब से न तेरा किया,
मैंने दी कब दुहाई तिरी।

फेंक तस्वीर दी झील में,
वो क़लम फेंक आई तिरी।

मुड़के देखा नहीं मोड़ को,
वो गली भूल आई तिरी।

खिड़कियों पे न डाली नज़र,
ज़ुल्फ़ मन को न भाई तिरी।

है फ़रेबी तू पूनम बड़ा,
देख ली आशनाई तिरी।

125

दिल्लगी यार तू छोड़ दे।
अब वफ़ाओं का रुख़ मोड़ दे।

रस्म-ए-उल्फ़त निभा ले ज़रा,
तार दिल के सभी जोड़ दे।

सिर्फ़ धोका मिलेगा वहाँ,
अब रक़ीबों का दर छोड़ दे।

आईने ज़ख़्म खायें नहीं,
पत्थरों को सभी तोड़ दे।

यार का दिल ठिकाना तिरा,
लाज़मी है उसे जोड़ दे।

इश्क़ रुसवा न 'पूनम' करो,
नाम लेना ही तू छोड़ दे।

126

वो समन्दर दीवाना हुआ।
इक नज़र का निशाना हुआ।

दिल धड़कता रहे रात-दिन,
उसका मौसम सुहाना हुआ।

चूमने वो किनारों को आये,
साहिलों का ठिकाना हुआ।

वो निशां पाँव के मिट गये,
जाने कितना ज़माना हुआ।

दास्तां की वसीयत रखे,
वर्क़ काफी पुराना हुआ।

इश्क़ में गुम ख़ुदाई हुई,
आज 'पूनम' का आना हुआ।

127

बेवफ़ा नाम तुमने दिया।
कैसा अंजाम तुमने दिया।

वक़्त मुझपे मेहरबां नहीं,
ऐसा ईनाम तुमने दिया।

मुझको रुसवा किया आपने,
इश्क़ बदनाम तुमने दिया।

मैं तो तन्हाइयों में रही,
ऐसी हर शाम तुमने दिया।

अब तो बेकाम मैं हो गई,
अश्क का काम तुमने दिया।

ज़ख़्म 'पूनम' को भाने लगे,
दर्द का जाम तुमने दिया।

128

तुम मिले ज़िंदगी मिल गई।
साथ में आशिक़ी मिल गई।

अब चराग़े वफ़ा जल गये,
इश्क़ को रोशनी मिल गई।

रास्ते कितने आसां हुये,
यार की वो गली मिल गई।

घर में ख़ुशियों का डेरा हुआ,
ग़म से हँसके ख़ुशी मिल गई।

वो फ़सीलें बनीं आईना,
उससे जब चाँदनी मिल गई।

मेरे महबूब लग जा गले,
अब शब-ए-वस्ल भी मिल गयी।

दिल ये 'पूनम' मिरा खो गया,
ये नज़र आप ही मिल गई।

www.ingramcontent.com/pod-product-compliance
Ingram Content Group UK Ltd.
Pitfield, Milton Keynes, MK11 3LW, UK
UKHW042016190726
13854UKWH00005B/2316

9 788195 304547